LA MORALE LAÏQUE

EXAMEN DE

LA MORALE ÉVOLUTIONNISTE

DE M. HERBERT SPENCER

Par M. Émile BEAUSSIRE

MEMBRE DE L'INSTITUT

— ♦◦•◦♦ —

PARIS

ALPHONSE PICARD, ÉDITEUR

LIBRAIRE DES ARCHIVES NATIONALES ET DE LA SOCIÉTÉ
DE L'ÉCOLE DES CHARTES.
rue Bonaparte, 82.

1881

EXTRAIT DU COMPTE-RENDU

De l'Académie des sciences morales et politiques

(INSTITUT DE FRANCE)

PAR M. CH. VERGÉ,

Sous la direction de M. le Secrétaire perpétuel de l'Académie.

LA MORALE LAÏQUE

EXAMEN DE

LA MORALE ÉVOLUTIONNISTE DE M. HERBERT SPENCER.

La conception d'une morale naturelle, sans caractère sacerdotal, est née avec le premier éveil de la pensée philosophique. Celui qui le premier a commencé à réfléchir sur le monde et sur lui-même a réfléchi nécessairement sur le bien et le mal ; il a interrogé sa conscience ; il a cherché à se rendre compte des devoirs qui lui étaient imposés au nom d'une autorité extérieure. Les plus anciens monuments de la sagesse humaine sont des préceptes ou des principes de morale, conservés par la tradition, recueillis par la poésie, fixés sur la pierre, sous la forme de sentences, d'allégories ou d'apologues. Les législations primitives se sont approprié ces principes et ces préceptes ; les systèmes philosophiques les ont rassemblés en corps de doctrines ; les religions elles-mêmes les ont vus se produire sans jalousie et leur ont donné place dans leurs enseignements. Les religions les plus éclairées acceptent et proclament la distinction de la morale naturelle et de la morale théologique. Si elles se font juges de la première, au nom des lumières supérieures qu'elles s'attribuent, elles n'hésitent pas à lui faire appel, à la prendre en quelque sorte pour arbitre dans leurs querelles avec leurs adversaires. C'est sur le terrain de la morale que la raison et la foi ont toujours eu le moins de peine à se mettre d'accord. Il y a pour tous les hommes d'une même civilisation un fond d'idées morales universellement respecté, qu'aucune philosophie, aucune législation, aucune religion n'ose contredire ouvertement. Non pas que ce fond soit immuable :

il se modifie avec la civilisation elle-même et un esprit un peu pénétrant saura reconnaître d'assez profondes divergences entre les jugements moraux qui prévalent chez une même nation, à deux époques différentes, ou, à une même époque, chez deux nations inégalement cultivées. L'évolution toutefois est assez lente et assez peu sensible pour ne pas ébranler la croyance à l'immutabilité de la morale et le respect général qui trouve dans cette croyance un de ses principaux fondements. Exerçant leur empire dans un même milieu, subissant plus ou moins les mêmes influences, entraînées à leur insu dans une évolution commune, la morale naturelle et la morale théologique se réunissent le plus souvent dans les mêmes préceptes et elles ont un égal intérêt à proclamer, parfois même à exagérer leur accord. L'une et l'autre sentent en effet combien importe à leur autorité l'adhésion unanime des consciences.

Une cause nouvelle de désaccord a cependant surgi de nos jours entre la morale naturelle et la morale théologique. L'idée toute moderne d'une société laïque, absolument distincte des sociétés religieuses qu'elle peut contenir dans son sein, appelle comme conséquence une morale également laïque, également étrangère à toute autorité d'ordre surnaturel. La morale laïque ne se confond pas avec la morale naturelle. Celle-ci pouvait être une alliée, parfois même un élément accessoire de la morale théologique. Celle-là se présente comme une rivale, et ce n'est pas seulement la rivalité de deux doctrines, reposant sur des bases distinctes; c'est la concurrence de deux puissances sociales, se disputant la domination des âmes. Quelques économistes enferment seuls la société civile dans une mission de pure police, indifférente à toute doctrine qui n'a pas proprement pour objet la protection des intérêts matériels. L'esprit laïque dans la société revendique hautement le gouvernement de tous les intérêts humains, sauf ceux qui se réclament d'une lumière surnaturelle. Il aspire non seulement à faire passer ses principes dans les lois, mais à leur soumettre les âmes par l'éducation publique. La morale laïque est la base de cette éducation, dont la société laïque fait son premier devoir et son droit le plus précieux. Elle n'est pas, comme la morale naturelle, un simple objet de croyances individuelles et de discussions philosophiques : elle prend un caractère officiel, elle devient une des institutions fondamentales de l'État.

Il est facile, au nom de la pure logique, d'affirmer cette institution : est-il aussi facile de la créer de toutes pièces ? Son caractère laïque ne lui permet aucun mélange avec l'enseignement théologique : son caractère public lui permet-il du moins de recevoir une base philosophique ? L'éducation nationale, faisant appel à tout le monde, sans acception de croyances, soit pour le recrutement de ses élèves, soit pour celui de ses maîtres, ferait violence à la liberté des consciences, si elle se donnait au nom et dans l'intérêt d'une église. Ne ferait-elle pas une égale violence à la liberté de la pensée si elle devait se donner au nom et dans l'intérêt d'une école de philosophie ? L'État a-t-il plus qualité pour choisir entre les systèmes qu'entre les dogmes ? Ne trouve-t-il pas des deux côtés les mêmes divisions ? Et devant ces divisions ne doit-il pas se reconnaître la même incompétence ? Or, s'il exclut à la fois la théologie et la métaphysique, sur quoi s'appuiera-t-il pour fonder sa morale laïque ? Ne risque-t-elle pas de ressembler à ces « palais fort superbes et fort magnifiques » auxquels Descartes compare la morale païenne et qui, suivant lui, « n'étaient bâtis que sur du sable et sur de la boue ? » Tel est le redoutable problème qui se pose depuis quelques années devant les consciences privées comme devant les pouvoirs publics et qui appelle avant tous les autres les méditations des moralistes.

On répète souvent que l'instruction de la jeunesse ne doit avoir pour objet que « la science faite » et que « la science à faire » doit être réservée pour certains établissements de haut enseignement, comme notre Collège de France, qui ne s'adressent qu'à des esprits déjà formés. Or, la morale laïque, telle qu'on la réclame, pour tous les degrés d'enseignement, comme la seule expression légitime des devoirs et des droits de la société laïque et de ses membres, est encore une science à faire. Elle ne s'est constituée nulle part en un corps de doctrines ou de préceptes universellement acceptés. Jusqu'ici tous les livres de morale qui sont en possession d'une véritable autorité ont toujours fait appel à certains principes d'ordre métaphysique ou théologique. Ces principes ne règnent pas seulement dans les traités en forme, mais dans les ouvrages les plus élémentaires ; ils inspirent l'enseignement oral comme l'enseignement écrit : les premières leçons de morale données par la famille, dans les milieux les plus humbles comme dans les plus cultivés, n'ont pas en général d'autre base. Rien n'a encore remplacé « le bon Dieu » dans la bouche d'une mère expliquant à ses enfants ce qui est défendu et ce qui est ordonné ou permis.

Une école de philosophie s'était fondée il y a une quinzaine d'années, dans le but d'établir d'une façon définitive une morale indépendante de toute religion et de toute métaphysique, Elle s'était assuré les meilleurs moyens de propagande : des livres, des brochures, des conférences, un journal spécial. Il ne lui a manqué pour justifier ses prétentions et pour confirmer ses espérances qu'une doctrine vraiment scientifique. Elle avait fait de la métaphysique, comme M. Jourdain faisait de la prose, sans le savoir. Ce qu'elle avait de plus solide était emprunté à cette haute morale de Kant, que lui-même appelait « la métaphysique des mœurs.»

Le problème serait résolu si une autre école, beaucoup plus ancienne, l'école utilitaire toujours combattue, toujours vaincue et toujours renaissante, avait pu faire prévaloir ses doctrines non-seulement contre les objections de ses adversaires et contre certaines révoltes des consciences, mais contre les critiques de ses propres adeptes. Elle n'a pu en effet se maintenir qu'en substituant les systèmes aux systèmes, sans s'arrêter jamais sur une solution où elle pût se mettre d'accord et avec elle-même et avec ce sentiment général du bien et du mal qu'on appelle la conscience du genre humain. Qui voudrait aujourd'hui, je ne dis pas de l'Épicurisme antique ou du système de Hobbes, mais des doctrines vieilles de cent ans à peine, du livre de l'*Esprit* et du *Catéchisme de Saint-Lambert* ? Que reste-t-il de Bentham après Stuart Mill, et de Stuart Mill lui-même après Herbert Spencer ?

M. Herbert Spencer avait indiqué plus d'une fois, dans ses divers écrits, les traits généraux de son système de morale (1). Il avait résumé ce système dans un document célèbre : sa lettre à Stuart Mill, publiée pour la première fois par M. Alexandre Bain, dans laquelle il s'était nettement séparé, non seulement de l'utilitarisme traditionnel, mais de l'utilitarisme transformé de son illustre correspondant. Il a voulu en donner le développement dans un ouvrage spécial, qui devait, dans le programme de ses travaux, former la conclusion de son « système de philosophie » et dont il a avancé la publication, « des avertissements répétés, dit-il en termes touchants, lui ayant appris qu'il pouvait être définitivement privé de ses forces avant d'avoir achevé la tâche qu'il s'était marquée à lui-même. » Cet ouvrage, aussitôt traduit en français, a ranimé des deux côtés du détroit, les espérances de tous les partisans d'une morale scientifique et positive (2). Une œuvre aussi considérable et

---

(1) Ce système, dans les traits épars qui permettaient de s'en faire une idée, avait déjà été plusieurs fois discuté en France, notamment par M. Caro (*Problèmes de morale sociale*) et par M. Guyau (*la Morale anglaise contemporaine*).

(2) La traduction française a pour titre : *Les bases de la morale évolutionniste*. (Un volume de la Bibliothèque scientifique internationale.)

par elle-même et par le nom de son auteur, et par les adhésions qu'elle a reçues, se recommande à l'attention et à l'examen approfondi de tous ceux qui, sans parti pris, avec le seul souci de la vérité et de l'intérêt social, se demandent ce qu'il y a de légitime et de réalisable dans cet idéal de « la morale laïque, » vainement poursuivi jusqu'ici en dehors des conceptions métaphysiques.

I

Le début des *Données de la morale* rappelle celui des *Fondements de la métaphysique des mœurs*. M. Spencer analyse le concept de la « bonne conduite » comme Kant celui de la « bonne volonté, » Il va sans dire que le rapprochement s'arrête aussitôt. Le philosophe allemand veut ramener à l'état le plus simple, à l'état pur, le fait de la bonne volonté, tel qu'il apparaît dans la complexité de la vie humaine. Le philosophe anglais suit un ordre inverse. Il cherche à se représenter la conduite la plus simple, telle qu'on peut la supposer chez les êtres inférieurs, au plus bas degré de l'échelle animale ; puis il en suit le développement à travers toute la série des espèces jusqu'à l'homme et, chez l'homme lui-même, à travers toutes les civilisations, jusqu'à l'humanité idéale et parfaite dont l'humanité réelle peut se faire une image de plus en plus nette, à mesure qu'elle prend une conscience plus claire d'elle-même. En un mot, il voit déjà une conduite dans tout mouvement animal approprié à une fin et il fait consister l'évolution

Le titre anglais est plus simple et plus modeste : *The data of Ethics*, *Les données de la morale*. Le traducteur anonyme a voulu sans doute que la couverture même du livre en indiquât l'esprit : précaution assez inutile, quand il s'agit d'un philosophe illustre, dont tous les écrits forment un ensemble systématique et dont la méthode, les théories et les principes sont discutés depuis près de vingt ans par tous les penseurs des deux mondes.

de la conduite dans une adaptation de plus en plus parfaite
des moyens les plus complexes à un ensemble de fins de plus
en plus diversifiées et, en même temps, de mieux en mieux
combinées dans une harmonieuse unité. Cette unité n'est
pas seulement celle de la vie individuelle la plus riche et la
plus heureuse, mais celle de la vie sociale la plus prospère
et la plus paisible. L'évolution embrasse les sociétés comme
les individus et l'humanité tout entière comme les sociétés
diverses dont elle se compose. C'est la loi universelle. Rien
n'échappe à cette loi dans les éléments propres de chaque
être et dans l'ensemble des êtres.

Qu'est-ce donc que la bonne conduite ? Tout acte approprié à sa fin peut être qualifié de bon ; mais la conduite
elle-même n'est bonne que si les fins qu'elle poursuit concourent à cette évolution qui est la fin générale et commune de tous les êtres vivants. Il peut être bon de s'eni-
vrer pour se procurer certaines jouissances, ou l'oubli de
certains maux ; mais l'ivresse est toujours mauvaise par les
effets qu'elle peut avoir, soit sur l'ensemble de la vie individuelle, soit sur les rapports des hommes entre eux dans
la vie sociale. La bonne conduite suppose donc toujours un
choix, non seulement entre divers moyens, mais entre diverses fins, en vue de l'évolution générale qui intéresse à la
fois l'être tout entier et la totalité des êtres. M. Spencer la
définit « la conduite relativement la plus développée » et il
appelle mauvaise « celle qui est relativement la moins développée. » Le bien et le mal, ainsi entendus, sont l'objet
propre de la morale.

On remarquera aisément le caractère métaphysique de cette
« morale évolutionniste » qui prétend être une morale purement scientifique. L'idée directrice de tout le système,
l'idée de l'évolution, peut sans doute être réclamée par les
sciences expérimentales ; mais quand on ne se borne pas à
constater les faits d'évolution et à en chercher les lois,
quand on les subordonne à un principe formel de finalité,

quand on reconnaît un progrès constant vers un idéal de perfection inaccessible à toute expérience, on fait appel, qu'on le veuille ou non, aux principes et aux procédés de la métaphysique. Ce n'est pas tout. Le développement même des théories de M. Spencer rappelle à chaque instant les doctrines les plus célèbres des moralistes métaphysiciens. Quand il nous montre, entraînés dans une même évolution, les individus, les sociétés, l'humanité, le système entier du monde, quand il fait de l'ordre moral un cas de l'ordre cosmique, nous retrouvons Jouffroy et la théorie de l'ordre universel. Nous retrouvons aussi, dans l'ordre purement humain, les théories rationnelles qui ramènent le bien absolu à la perfection de l'être et le bien relatif, le bien réalisable, au progrès continu dans le développement de toutes les parties de l'être. L'auteur d'un des meilleurs livres qui aient été publiés dans les temps modernes sur la morale générale (1), M. Paul Janet a résumé cette doctrine dans une formule excellente : « Le bien d'un être consiste dans le développement harmonieux de ses facultés. » Poursuivant, avec une sûreté de vues qui ne le cède en rien à l'élévation de la pensée, l'application de cette formule dans toutes les sphères de l'activité humaine, il montre qu'elle n'exclut ni la recherche du bonheur, ni même celle du plaisir, puisque l'harmonie même entre les facultés suppose la satisfaction de la sensibilité en même temps que le perfectionnement de l'intelligence et de la volonté. Cette doctrine se présente « comme une sorte d'eudémonisme rationnel, puisqu'elle place le souverain bien dans le bonheur, suivant la doctrine presque unanime des philosophes ; mais elle ne prend pas pour *criterium* du bonheur la sensibilité individuelle ; elle fonde le bonheur sur la vraie nature de l'homme, laquelle ne peut être reconnue que par la raison. En un mot, elle ne mesure pas le bonheur par le plaisir ; elle mesure au

(1) Paul Janet: *La morale.*

contraire le plaisir par le bonheur ; de telle sorte que les plaisirs ne valent qu'à proportion de la part qu'ils peuvent avoir à notre bonheur, dont le fondement est dans notre perfection. »

Telle est la morale de M. Janet ; telle est aussi la morale que professe explicitement M. Spencer dans plusieurs passages de son livre. Il admet comme vraie en un sens « la doctrine d'après laquelle la perfection ou l'excellence de nature devrait être l'objet de notre poursuite ; » car, dit-il, « elle reconnaît tacitement la forme idéale d'existence que la vie la plus haute implique et à laquelle tend l'évolution. » Il admet également que « si le bonheur est la fin suprême, il doit accompagner la vie la plus élevée que chaque théorie de direction morale a distinctement ou vaguement en vue. » Il n'est même pas éloigné de voir dans le Dieu de la métaphysique, dans le Dieu des causes finales, le principe suprême de la morale : « La théorie théologique contient une part de vérité. Si à la volonté divine, que l'on suppose révélée d'une manière surnaturelle, nous substituons la fin révélée d'une manière naturelle vers laquelle tend la puissance qui se manifeste par l'évolution, alors, puisque l'évolution a tendu et tend encore vers la fin la plus élevée, il s'ensuit que se conformer aux principes par lesquels s'achève la vie la plus élevée, c'est favoriser l'accomplissement de cette fin. » Devant de telles formules, Marguerite aurait pu dire comme après la profession de foi de Faust : « Tout cela est vraiment beau et bien ; le prêtre dit à peu près la même chose, seulement dans un langage un peu différent. »

Non seulement M. Spencer aime à rapprocher sa morale de la morale métaphysique, mais il en emprunte en partie la méthode. Il reconnaît une vérité dans cette proposition que « les intuitions d'une faculté morale doivent guider notre conduite. » Il répudie hautement les procédés empiriques des utilitaires. Il les compare aux calculs des premiers astronomes, fondés sur quelques observations accumulées, d'après lesquelles on pouvait, de loin en loin, prédire approximativement que certains corps célestes occuperaient certaines positions à telles époques. Tout autres sont les déductions nécessaires de l'astronomie moderne, fondées sur la loi de la gravitation. Toutes différentes aussi des inductions de Bentham et de Stuart Mill doivent être les déductions de la morale moderne : elles doivent avoir pour objet, non des résultats accidentels, mais « les conséquences nécessaires de la constitution des choses. » C'est la doctrine et c'est la méthode même de M. Janet, qui, lui aussi, veut que la morale se déduise de « la vraie nature de l'homme. »

Si M. Spencer était toujours resté fidèle à cette méthode et à cette doctrine, il aurait ajouté un monument de plus à tous ceux qu'a édifiés la vieille morale des idéalistes et des spiritualistes et il aurait entièrement trompé les espérances de ceux qui attendaient de lui cette morale scientifique et positive où la société laïque doit trouver enfin une éducation appropriée à ses principes. Malheureusement, dans la plus grande partie du livre, règnent d'autres doctrines et une méthode toute différente. Ces « intuitions d'une faculté morale, » qu'il ne refusait pas d'admettre, ne sont pour lui que « les résultats lentement organisés des expériences reçues par la race, » c'est-à-dire un capital héréditaire d'observations accumulées à travers les siècles. Or, les observations ont eu beau se multiplier à l'infini, elles n'ont pu atteindre ce qui leur est absolument inaccessible : l'idéal suprême vers lequel tend l'évolution universelle. Aussi M. Spencer, ayant besoin d'un fait élémentaire, d'un fait observable, pour asseoir ses théories, ne trouve que le principe même des anciens Épicuriens et des utilitaires modernes : le plaisir. En vain prêche-t-il, comme M. Janet, la poursuite de la vie la plus élevée et la plus parfaite, en même temps que la plus heureuse, il ne fonde pas le plaisir sur le bonheur et le bonheur sur la perfection; il fonde au contraire la perfection sur le bonheur et le bonheur sur le plaisir. Il ne voit en un mot, dans cette vie élevée à laquelle il nous convie, que la plus grande somme de plaisir et la plus petite somme de peine. Nous retombons de haut et M. Spencer ne s'est séparé avec éclat de l'école utilitaire que pour lui rendre aussitôt les armes.

M. Spencer confond, avec tous les utilitaires, le bien et le plaisir. Il leur emprunte tous les arguments par lesquels ils ont essayé de justifier cette confusion (1). Il combat avec eux tous les systèmes idéalistes, même celui de la perfection, qu'il paraît ailleurs s'approprier. Il se plaît comme eux à opposer la morale du plaisir à la morale ascétique, à la glorification de la douleur, où il ne voit qu'un legs des plus anciennes et des plus grossières superstitions. Enfin, par une illusion qui lui est propre, il se flatte de réconcilier avec cette prétendue morale le pessimisme moderne, qu'il semble considérer comme son plus redoutable adversaire.

(1) Nous regrettons de retrouver les mêmes arguments chez un éminent philosophe français qui, malgré l'évolution de ses idées, est toujours resté plus près de l'idéalisme que du positivisme (M. Fouillée, *Revue des deux mondes*, du 15 mai 1881). Nous accordons à M. Fouillée que tout ce qui est considéré comme un bien procure du plaisir. Mais toute la question est de savoir si un bien quelconque est considéré comme tel parce qu'il procure du plaisir ou s'il procure du plaisir parce qu'il est un bien. M. Fouillée, comme M. Spencer et tous les utilitaires, érige en axiome la première hypothèse, et il semble à peine soupçonner la seconde. Il invoque le langage ordinaire, qui n'appelle bonnes que des choses naturellement agréables. Cela est vrai en général, par cela même qu'un certain plaisir est toujours attaché à la possession consciente d'un bien ; mais le langage ordinaire distingue parfaitement entre le plaisir et le bien lui-même ; car il reconnaît des biens très-réels dont la possession n'est accompagnée d'aucune conscience et par conséquent d'aucun plaisir :

> *O fortunatos nimium sua si bona norint*
> *Agricolas !*

Le pessimisme et l'optimisme, suivant lui, ne seraient divisés que sur une question de fait. Ils sont d'accord pour reconnaître à quelles conditions la vie serait bonne, mais le premier prétend que ces conditions ne se sont jamais réalisées. Ils ne diffèrent donc que pour le présent et pour le passé ; ils ne diffèrent pas sur le but qui serait digne, s'il était accessible, d'être poursuivi dans l'avenir. Ce but, dans les deux systèmes, c'est la plus grande somme de plaisir ; c'est la plénitude du bonheur pour les individus. et pour les sociétés. Ils comportent donc les mêmes idées sur la direction de la conduite, sur le bien et le mal ; ils peuvent accepter la même morale.

Je doute que de pareilles raisons puissent désarmer les pessimistes. S'ils pratiquent la méthode inductive, ils jugeront de l'avenir par le passé ; ils refuseront de se prêter aux efforts impuissants d'une bonne conduite dont le seul mobile est le chimérique espoir d'un bonheur impossible. Ils ne s'y prêteront pas davantage s'ils s'appuient sur des conceptions métaphysiques ; car ils rejettent *à priori* toute poursuite du bonheur et ils ne donnent pour but à la vie que l'anéantissement total, non pour se procurer ou pour procurer à l'humanité une sorte de bonheur sauvage dans la destruction même, mais pour satisfaire un pur besoin logique, pour faire cesser avec le monde lui-même les contradictions dont il est le théâtre.

Ce n'est pas seulement avec le pessimisme que M. Spencer ne saurait se mettre d'accord, c'est avec lui-même. La contradiction est manifeste entre la morale du plaisir et le principe même de l'évolution. L'évolution, telle que la conçoit M. Spencer, est la loi de tous les êtres vivants, depuis les organismes les plus rudimentaires et les plus simples jusqu'aux plus élevés et aux plus complexes. Elle n'attend pas, pour se produire, qu'il y ait un commencement de sensibilité, une capacité quelconque de jouir et de souffrir. Partout elle se manifeste comme le passage d'un état inférieur à un état supérieur ; elle n'implique nullement qu'un sentiment de plaisir soit attaché à ce passage ; à plus forte raison ne trouve-t-elle pas sa fin nécessaire dans ce sentiment de plaisir. Rien n'atteste, malgré d'ingénieuses hypothèses, la sensibilité consciente et émotionnelle dans les plantes. Rien ne prouve l'existence d'une telle sensibilité chez les animaux inférieurs. Chez les êtres mêmes qui la possèdent sans conteste, elle n'est pas la seule forme de la vie, le seul sujet de l'évolution. M. Spencer reconnaît lui-même que, durant l'évolution, le plaisir et la peine ne font qu'accompagner des actions qui sont, par elles-mêmes, avantageuses ou nuisibles. Le plaisir n'est donc pas le seul bien, puisqu'il n'est que la conséquence d'un bien déjà acquis. Tout ce qui, dans la nature, est soumis à la loi de l'évolution, est, par là même, susceptible de bien et de mal. La santé, la force physique, l'exacte proportion de tous les membres, le jeu facile et harmonieux de tous les organes, sont des biens réels, auxquels on peut être plus ou moins sensible, mais qui subsistent tout entiers, en dehors des jouissances qu'ils procurent. Et n'en peut-on pas dire autant du développement de l'intelligence et de la volonté, de toutes les qualités intellectuelles et morales qui nous assurent, soit la possession de la vérité, soit la possession de nous-mêmes ? Et ne faut-il pas compter aussi parmi les biens l'accord, l'harmonie dans le développement de toutes les parties de l'être ? La sensibilité se développe avec tout le reste, et les satisfactions qui lui sont propres ont leur place dans la perfection totale. C'est par cette union du plaisir et des autres biens que se réalise « l'eudémonisme rationnel » de M. Janet, « le développement harmonieux de toutes les facultés. » C'est ainsi que le bonheur, suivant M. Spencer lui-même, accompagne la vie la plus élevée ; mais, s'il ne fait que l'accompagner, comment en serait-il le but unique et l'idéal suprême ?

Cette liaison naturelle entre les divers biens et les plai-

sirs dont ils sont la source peut expliquer comment on a
été amené à prendre le plaisir pour la mesure du bien. Ce
n'est en réalité qu'une mesure trompeuse, et nul encore ne
l'a mieux reconnu que M. Spencer. Dans un des meilleurs
chapitres de son livre, celui qui est intitulé : *De la relati-
vité des peines et des plaisirs,* il montre excellemment
combien sont variables les impressions de la sensibilité,
combien elles dépendent du caractère des individus et de
toutes les impressions qui agissent sur eux. Ces variations
sont précisément l'argument ordinaire de ceux qui méconnaissent les biens les plus certains. Il n'est pas, en effet, un
seul bien, ni la santé, ni l'intelligence, ni la vertu, qui se
manifeste par la présence et par l'intensité constantes des
mêmes plaisirs et qui ne puisse être rejeté comme illusoire
ou douteux si le plaisir est la seule mesure du bien. Et
cet argument ne vaut pas seulement contre les divers
genres de biens dont le plaisir devrait être l'accom-
pagnement naturel, il vaut contre le plaisir lui-même,
et le pessimisme ne manque pas de s'en servir pour établir
l'impossibilité d'un bonheur plein et durable. Ce que les variations de la sensibilité prouvent le plus clairement, c'est
que le plaisir ne peut être la mesure d'aucun bien et qu'il
n'est pas même sa propre mesure.

M. Spencer le démontre avec une grande force de logique.
Il réduit à néant les prétentions de l'utilitarisme vulgaire,
qui fonde toutes ses théories et tous ses calculs sur l'expérience du plaisir. L'expérience nous donne les premières
notions des biens et des maux ; mais ce sont les plus vagues,
les plus confuses, les moins scientifiques. En vain, Bentham
croit-il trouver pour le droit une base solide en substituant
l'idée du plaisir à l'idée de la justice : l'idée de la justice est
de beaucoup, c'est M. Spencer qui l'affirme, la plus simple
et la plus claire, celle qui offre à tout prendre, malgré les
guerres et les procès, le plus de chances d'accord entre les
hommes.

La parfaite harmonie du plaisir et des autres biens n'est qu'un idéal et cet idéal devient même d'autant plus difficile à réaliser que la vie revêt des formes plus complexes et se rapproche ainsi de la perfection qui lui est propre. La capacité de jouir et de souffrir est certainement mieux en rapport avec le développement général des autres facultés chez l'animal que chez l'homme, chez l'enfant que chez l'homme fait, chez le sauvage que chez le civilisé. C'est donc se faire une idée tout à fait basse et inexacte de l'évolution des êtres que d'en mesurer le degré de perfection d'après la satisfaction plus ou moins complète de la sensibilité. M. Spencer ne s'y est pas trompé. Quand il veut donner des exemples de ce qu'il appelle des « actions absolument bonnes, » il les prend de préférence — lui-même en fait l'aveu — « dans les cas où la nature et les besoins ont été mis en parfait accord avant que l'évolution sociale ait commencé. » Et voici l'un de ces cas antérieurs à l'évolution, étrangers par conséquent à tout progrès dans l'humanité :

« Considérez la relation qui existe entre une mère bien portante et un enfant bien portant. Entre l'un et l'autre il y a une mutuelle dépendance, qui est pour tous les deux une source de plaisirs. En donnant à l'enfant sa nourriture naturelle, la mère éprouve une jouissance; en même temps l'enfant satisfait son appétit et cette satisfaction accompagne le développement de la vie, la croissance, l'accroissement du bien-être. Suspendez cette relation, et il y a souffrance de part et d'autre. La mère éprouve à la fois une douleur physique et une douleur morale et la sensation pénible qui résulte pour l'enfant de cette séparation a pour effet un dommage physique et quelque dommage aussi pour sa nature émotionnelle. Ainsi l'acte dont nous parlons est exclusivement agréable pour tous les deux, tandis que la cessation de cet acte est une cause de souffrance pour tous les deux ; c'est donc un acte du genre que nous appelons ici absolument bon. »

Le tableau est charmant, mais il éclaire singulièrement le vice de la théorie ; car, si digne d'admiration que soit cet heureux état d'une mère parfaitement saine allaitant un enfant également sain, c'est pour d'autres actes qu'un esprit cultivé et une âme élevée réservent ce degré d'admiration que commandent des actes « absolument bons. »

Partout où « l'évolution sociale, » comme dit M. Spencer, fait sentir ses effets, elle tend à détruire l'équilibre entre les divers éléments qui concourent à la vie de l'individu ou de la société elle-même. L'état de chaque élément n'est déterminé que pour une faible partie par l'acte présent dont il subit l'effet ; il dépend pour tout le reste des actes antérieurs, non seulement de l'individu, mais de l'espèce, et de toutes les influences extérieures qui ont agi ou qui agissent actuellement sur l'espèce et sur l'individu. Un philosophe français contemporain, M. Marion, dans un livre plein d'observations aussi vraies qu'ingénieuses, a étudié, au point de vue moral, cette solidarité universelle qui relie entre eux et avec tout l'ensemble de la vie extérieure dans la nature entière tous les éléments et tous les états d'un même être (1). Or, cette solidarité se fait surtout sentir dans la sensibilité. Si nous sommes sous la dépendance des influences les plus multiples et les plus diverses, c'est surtout par cette faculté de jouir et de souffrir qu'affectent à la fois, sous les formes les plus variables et les plus complexes, toutes les forces intérieures ou extérieures qui agissent sur l'âme et sur le corps, au gré de toutes les inclinations héréditaires ou acquises qu'ont contribué à développer en nous les causes les plus éloignées dans la vie universelle. Quel obstacle au perfectionnement ou, pour parler le langage de M. Spencer, à l'évolution progressive de l'être, s'il fallait s'assurer avant tout la satisfaction d'une faculté sur laquelle nous avons si peu d'empire ! Au prix de quels efforts ne s'achète pas le dé-

(1) Marion. *De la solidarité morale. Essai de psychologie appliquée.*

veloppement intellectuel, le progrès vers la vérité ! Ces efforts sont payés de la joie la plus pure quand une vérité
nouvelle vient illuminer l'esprit ; mais rien de moins sûr et
souvent rien de plus fugitif que cette joie. Non seulement
la vérité cherchée peut se dérober indéfiniment, mais rare-
ment elle apparaît sans ombre, sans motifs de doute, sans
quelque côté faible qui prête à des objections plus ou moins
spécieuses. Les intelligences les plus hautes sont celles qui
se contentent le plus difficilement, qui prévoient le mieux
toutes les causes d'incertitude ou d'erreur, qui se rendent
le mieux compte de tout ce qui manque à la plus belle découverte pour qu'elle reçoive tous ses développements et
conquière d'unanimes et complètes adhésions. Et ces nobles
intelligences sont souvent unies à la sensibilité la plus délicate et la plus irritable, la plus accessible aux décourage-
ments, aux froissements d'amour-propre, aux mouvements
de colère contre tous les obstacles qui du dedans ou du dehors se dressent contre la vérité. Et elles sont souvent aussi
unies à une organisation maladive, dont les perturbations et
les exigences viennent sans cesse entraver leurs recherches
et leur gâter par de tristes soucis et de vulgaires souffrances
les joies de la découverte. M. Spencer se plaît à nous rappeler que nous ne sommes pas de purs esprits et qu'il nous
faut tenir compte de toutes les conditions de notre bien-être,
si nous ne voulons pas voir sombrer, dans le dépérissement
des organes et dans l'obscurcissement de l'esprit lui-même,
nos plus sublimes efforts. Il a raison et le sage ne doit négliger aucun des éléments de la vie totale ; mais il doit laisser
chacun à son rang et il lui est permis de s'assigner un autre
but que leur parfait entretien et leur heureux équilibre.
Rien de ce qui a honoré l'humanité dans l'ordre intellectuel
ne se serait accompli, s'il n'y avait pas eu des hommes dont
la pensée a su s'élever au-dessus de la préoccupation exclu-
sive de leur bien-être ou même de leur bonheur.

Rien aussi de ce qui a honoré l'humanité dans l'ordre

moral. L'exercice de toutes les vertus est assurément faci-
lité ou entravé par les causes de tout genre qui peuvent af-
fecter en bien ou en mal les facultés de l'âme et les organes
du corps ; mais celui qui ne viserait pas plus haut qu'à con-
server la *mens sana in corpore sano* serait-il capable de
dévouement ? Serait-il capable d'héroïsme ? M. Spencer ne
voit qu'un dernier reste des plus anciennes superstitions
dans la glorification de la douleur, chère encore à certaines
âmes stoïques ou chrétiennes. Les hommes primitifs s'étaient
forgé des dieux jaloux qu'ils croyaient satisfaire en leur of-
frant le spectacle des plus atroces souffrances. La vertu ou
la piété moderne garde la trace de ces grossières croyances
quand elle se fait un mérite d'affronter la douleur. Je ne
sais jusqu'à quel point cette déduction est légitime ; mais
il y a autre chose dans l'idée de noblesse qui s'attache à la
douleur courageusement supportée ou même audacieuse-
ment bravée. Non seulement la douleur est une épreuve
pour la vertu (on l'a reconnu dans tous les temps), mais le
champ de la douleur semble s'élargir avec le progrès même
de la vertu. Qui dit patriotisme dit une capacité plus grande
pour souffrir de tous les maux de la patrie, qui dit charité
dit une capacité plus grande pour souffrir de tous les maux
de l'humanité. Quelles douleurs ne naissent pas des vertus
de la famille ! Heureux ceux qui n'ont pas d'enfants ! ont dit
bien des pères. Leur cœur les dément, alors même que leur
foyer a connu plus de chagrins que de joies ; car ils n'ont
pu remplir ces devoirs mêlés de tant d'amertume sans
sentir quel vide leur absence ferait dans la vie. Une vertu
sort de nous quand nous perdons une occasion de souffrir.

> Rien ne nous rend si grands qu'une grande douleur,

a dit un poëte, et ce mot est plus profond et plus vrai que
toutes les déductions de la philosophie du plaisir.

Tous les utilitaires ont cherché un passage du bonheur
personnel au bonheur général ; M. Spencer, par une série

de considérations très-ingénieuses, a trouvé ce passage dans la doctrine de l'évolution. L'évolution de l'individu appelle nécessairement l'évolution sociale ; l'évolution sociale appelle non moins nécessairement l'évolution totale de l'humanité. A mesure que les relations se multiplient et s'étendent entre les hommes, le bonheur de chacun dépend de plus du bonheur de tous. Non pas qu'il faille jamais absorber le premier dans le second : « Si la maxime : « vivre pour soi » est fausse, la maxime : « vivre pour les autres, » l'est aussi. » Poussées à leurs dernières conséquences, les deux maximes aboutiraient à des contradictions et à des impossibilités manifestes. Il faut entre elles un compromis, qui devient de plus en plus facile à mesure que l'évolution générale se rapproche de son terme. Ce compromis s'est déjà, en grande partie, réalisé de lui-même, si l'on en croit M. Spencer. Tous les progrès des sociétés modernes ont eu pour effet d'étendre et de mieux assurer pour chacun les conditions du bien-être en protégeant par de meilleures garanties les intérêts et les droits de tous. « Si nous considérons ce que signifient l'abandon du pouvoir aux masses, l'abolition des priviléges de castes, les efforts pour répandre l'instruction, les agitations en faveur de la tempérance, l'établissement de nombreuses sociétés philanthropiques, il nous paraîtra clair que le souci du bien-être d'autrui s'accroît *pari passu* avec le souci du bien-être personnel et les mesures prises pour l'assurer. »

L'égoïsme et l'altruisme tendent d'ailleurs à se transformer avec le progrès de l'évolution. A mesure que disparaîtront les causes d'infortune et les occasions de conflits, les hommes auront moins besoin de pourvoir au soulagement des maux d'autrui et de veiller à leur propre défense. Ils seront unis surtout par une sympathie générale, qui trouvera dans le bonheur d'autrui une satisfaction personnelle. « Ainsi, sous sa forme dernière, l'altruisme consistera dans la jouissance d'un plaisir résultant de la sympathie que nous avons pour les plaisirs d'autrui que produit l'exercice heureux de leurs activités de toutes sortes : plaisir sympathique qui ne coûte rien à celui qui l'éprouve, mais qui s'ajoute par surcroît à ses plaisirs égoïstes. »

Quelque chimérique sur plus d'un point que puisse paraître cette théorie, je l'aime mieux, je l'avoue, que celle de ces utilitaires inconséquents qui, au nom du plaisir personnel, dont ils font leur premier et unique principe, prêchent le renoncement absolu au profit du bonheur général ou, suivant leur formule, du plus grand bonheur possible du plus grand nombre. L'individu ne peut jamais ni oublier entièrement son propre intérêt, ni le séparer de celui des autres. A mesure que les rapports sociaux se développent et se perfectionnent, chacun se trouve sans cesse en présence de nouvelles sources d'intérêt pour lui-même et pour autrui, et il ne peut y puiser sans éprouver le besoin de les concilier. M. Spencer a raison de ne sacrifier ni le point de vue égoïste ni le point de vue altruiste et de s'attacher seulement aux conditions de leur accord. Je ne lui reprocherai que de prendre trop de précautions contre l'excès du désintéressement ; ce n'est pas de ce côté que risque de pencher l'humanité, quelque progrès qu'elle réalise dans son évolution morale. J'accepterais donc ce traité de paix entre l'égoïsme et l'altruisme ; mais j'en voudrais élargir la base, au nom du principe même de l'évolution, comme des vrais principes de la morale. Le bien général, non plus que le bien personnel, ne saurait se réduire au point de vue étroit du bien-être ou du bonheur, c'est-à-dire, au fond, du plaisir. Si le moyen le plus ordinaire et le plus sûr de faire du bien aux autres est de chercher à les rendre heureux, nous pouvons cependant autre chose, pour eux comme pour nous-mêmes, que d'augmenter la somme des plaisirs et de diminuer la somme des peines. Sans doute, il nous est plus difficile d'agir autour de nous sur les intelligences et sur les volontés que d'écarter certaines causes de souffrances et de développer certains éléments de bien-être. Nous le pouvons toutefois, et c'est là que nous trouvons la plus haute façon d'être utiles. Or, cette utilité supérieure, qui a pour objet la diffusion des lumières, l'élévation de la moralité, la restitution de la liberté pour les individus ou pour les peuples, est proprement indépendante de la considération du bonheur. Les sociétés humaines sont-elles plus heureuses à mesure qu'elles deviennent plus éclairées? On peut le nier par des arguments plus ou moins spécieux, et M. Spencer lui-même a soutenu quelque part ce paradoxe. On peut nier aussi qu'une moralité plus délicate et plus scrupuleuse apporte plus de chances de bonheur. On peut nier que bien des esclaves se sentent vraiment plus heureux en devenant des hommes libres et que bien des peuples, courbés sous une oppression séculaire, soient sensibles aux bienfaits de l'indépendance nationale ou de la liberté politique. Quand même on aurait raison sur tous ces points, nous affirmerions sans hésiter l'utilité propre des lumières, l'utilité propre du progrès moral, l'utilité propre des libertés privées et des libertés publiques. En un mot, soit qu'il s'agisse d'autrui, soit qu'il s'agisse de nous-mêmes, la véritable utilité, ce n'est pas le seul bonheur, ce n'est pas la satisfaction plus ou moins complète de la seule sensibilité, c'est le progrès sous toutes ses formes, c'est le perfectionnement de toutes les fonctions individuelles ou sociales, c'est ce « développement harmonieux de toutes les facultés » dont M. Janet a fait si heureusement la formule du bien.

Peut-être M. Janet lui-même a-t-il un peu oublié cette formule, en reproduisant avec trop de complaisance les démonstrations habituelles des philosophes optimistes sur toutes les conditions de bonheur qu'offre la pratique de la vertu. Il semble s'être trop souvenu qu'avant d'écrire une *Morale*, il avait écrit une *Philosophie du bonheur*. Oui, le bien total implique le bonheur parfait, puisqu'il implique

la perfection de l'être entier, mais ce n'est que l'idéal suprême et, dans la réalité, on peut accorder aux pessimistes
que rien n'est plus rare et plus difficile que l'accord constant du bonheur et des autres formes du bien. On peut,
avec M. Janet, épurer l'idée du bonheur et n'y faire entrer
que les plus hautes satisfactions de la sensibilité en parfaite harmonie avec le plus haut développement des autres
facultés ; mais le bonheur, même ainsi entendu, est souvent
hors de notre atteinte, en nous mêmes et dans autrui, alors
que nous pouvons poursuivre et que nous avons l'espoir de
réaliser les autres biens dont il devrait être le corollaire
naturel. Il ne saurait sans péril, sans un amoindrissement
de l'idée du bien, être pris pour le bien total. Ceux qui réduisent le bien au bonheur ressemblent à ces anciens *cause-
finaliers*, dont l'auteur du beau livre sur les causes finales
a si nettement répudié les traditions, qui ne pouvaient comprendre, en dehors du bonheur de l'homme, la fin de la
création et la justification du créateur.

II

Jusqu'ici nous n'avons fait qu'un reproche à la morale de
M. Spencer, c'est d'être infidèle à son principe. Son tort n'est
pas d'avoir donné pour base à la détermination du bien la
théorie de l'évolution, mais d'avoir enfermé l'évolution dans
la réalisation du plaisir. Le même reproche peut être fait
à l'école utilitaire sous toutes ses formes. Elle serait dans
le vrai si elle identifiait le bien avec l'intérêt entendu
dans le sens le plus large ; car le bien n'est qu'une idée vide,
s'il n'exprime pas une chose utile, avantageuse à quelque
être ; mais les utilitaires se trompent quand ils réduisent
tout intérêt au plaisir et souvent même aux satisfactions des
sens. Tout ce qui contribue à la conservation et au développement des individus, des sociétés, de l'humanité entière,
dans l'ordre intellectuel et moral comme dans l'ordre phy-

sique, trouve son expression dans ces mots d'utilité et d'intérêt, qui n'ont un si mauvais renom que par suite de cette
tendance étroite et fâcheuse à en restreindre la significa-
tion aux seuls biens matériels. La théorie du bien peut donc
s'approprier, en les rectifiant, et le principe de l'évolution
et le principe de l'intérêt ; mais cette théorie n'est pas la
morale tout entière. Le bien est l'objet de l'acte moral :
il n'y pas d'acte moral qui n'ait pour fin de réaliser quelque
bien, soit pour l'agent lui-même, soit pour autrui ; mais ce
qui fait la moralité de l'acte, ce n'est pas proprement le ré-
sultat obtenu ou le but poursuivi, c'est le motif pour lequel
l'acte est accompli. La conscience la moins éclairée sait
faire cette distinction. Son approbation n'ira pas au bien
produit par accident, par erreur ou par un calcul étranger
à toute intention honnête : sa désapprobation n'ira pas
davantage au mal causé sans mauvaise intention. L'humanité n'a pas attendu les subtiles analyses de Kant pour savoir qu'un acte strictement légal, c'est-à-dire simplement
conforme à la loi, n'est pas la même chose qu'un acte vraiment moral, accompli par devoir, par respect pour la loi
elle-même. Nous devons donc demander à M. Spencer
quelle place il a donnée dans sa doctrine à cette distinction
capitale, ce qu'il peut nous apprendre, non plus sur l'objet,
mais sur le principe et sur le fond même de la morale.

L'évolution n'a et ne peut avoir, chez la plupart des êtres,
aucun caractère moral ; elle ne prend ce caractère que là
où se manifestent des consciences : chez l'homme et chez
les animaux supérieurs. L'évolution des consciences devient
ainsi une des applications de la loi universelle. Or, la conscience fait son apparition dès qu'il y a un choix entre divers moyens ou diverses fins, dès que telle fin ou tel moyen
est considéré comme meilleur que telle autre fin ou tel
autre moyen. Dès lors naissent des motifs de choisir : certains motifs acquièrent une autorité supérieure, qui se con-
solide peu à peu lorsqu'un intérêt général s'attache à ces

motifs dans les relations des hommes entre eux. Cette autorité trouve une première sanction dans la crainte qu'ins-
pire à chacun la vengeance de ses semblables ; elle reçoit
deux autres sanctions, plus constantes et plus efficaces,
quand elle se personnifie dans une organisation politique
ou religieuse, quand elle est protégée par la crainte de la
colère des chefs ou des châtiments divins. Ainsi se forment
et se developpent les sentiments permanents dont l'ensemble constitue la conscience. Ces sentiments acquièrent
insensiblement une valeur propre en dehors des lois posi-
tives et des sanctions extérieures qui ont contribué à leur
donner naissance, et eux-mêmes donnent naissance à un
sentiment plus raffiné où ils trouvent une nouvelle sanction :
le remords de leur avoir désobéi. La transmission héréditaire affermit encore l'empire de ces sentiments : ils pren-
nent l'apparence de règles innées et il semble qu'ils soient
pour chacun l'objet d'une intuition naturelle et nécessaire.
Telle est, suivant M. Spencer, « la genèse de la conscience
morale. » Les sentiments moraux, loin d'être des sentiments
primitifs, se dégagent peu à peu des sentiments suscités par
le respect ou par la crainte des autorités sociales, et aujourd'hui encore, ils ne s'en sont dégagés qu'incomplète-
ment. Nous nous laissons diriger par la force héréditaire
de beaucoup de maximes qui ont leur origine dans les coutumes les plus barbares et dans les superstitions les plus
grossières. L'évolution morale a pour effet d'épurer ces
sentiments, de leur donner pour objet, non ce qui a pu autrefois, dans un certain état social, être considéré comme le
meilleur, mais ce qui est vraiment le meilleur dans l'état
actuel, au double point de vue de la complexité croissante
des intérêts individuels et des intérêts collectifs.

Parmi ces sentiments, il en est un qui est le sentiment moral par excellence : c'est celui de l'obligation. Quelle est la
« genèse » de ce sentiment dans la doctrine de M. Spencer ?
L'obligation morale implique deux choses : une idée de su-

périorité et une idée de coercition attribuées à certains motifs. Ces deux idées se sont attachées peu à peu aux motifs qui ont exercé dans l'opinion des hommes, dans les prescriptions religieuses, dans les coutumes et dans les lois, l'empire le plus général et le plus constant, sous les sanctions les plus propres à laisser une trace durable et héréditaire dans les imaginations. Elles tendent à se dégager, comme les sentiments moraux eux-mêmes, des causes particulières qui ont contribué à les produire, pour ne s'attacher qu'aux motifs les plus élevés et les plus complexes, qui peuvent seuls exercer un contrôle éclairé et efficace sur les mobiles inférieurs. Ainsi prend naissance le sentiment propre de l'obligation ; mais il n'émerge du milieu des autres motifs que pour s'affaiblir aussitôt et pour tendre à disparaître : « le sentiment du devoir ou de l'obligation morale est transitoire et doit diminuer à mesure que la moralisation s'accroît. » Les sentiments moraux, en prenant leur caractère propre, en s'élevant de plus en plus au-dessus de la crainte d'une contrainte extérieure, politique, religieuse ou sociale, perdent la forme impérative ou coercitive; ils se font obéir naturellement et sans effort. « Le véritable honnête homme, que l'on rencontre quelquefois, non seulement ne songe pas à une contrainte légale, religieuse ou politique, lorsqu'il s'acquitte d'une dette ; il ne pense même pas à une obligation qu'il s'imposerait à lui-même. Il fait le bien avec un simple sentiment de plaisir à le faire, et en vérité il souffrirait avec peine que quoique ce fût l'empêchât de le faire. »

Il est aisé de voir combien l'obligation morale embarrasse M. Spencer, comme elle avait embarrassé avant lui tous les utilitaires, dont il n'a été que le continuateur en les dépassant. Le fait qu'il invoque pour écarter ce principe incommode, en ne lui attribuant qu'une valeur transitoire, n'est qu'un des cas les mieux connus de la loi générale de l'habitude. La vie serait impossible si chaque acte exigeait tou-

jours les mêmes efforts de réflexion et de volonté qui ont
été nécessaires la première fois qu'il a été accompli. Rien
n'est perdu, ni dans la vie de l'individu, ni dans la vie de
l'espèce. Nos premiers efforts, les efforts de ceux qui ont
contribué à nous former ou qui ont concouru à notre existence, gardent la plus grande part dans nos actes succes-
sifs. Nous y apportons des habitudes acquises, des dispositions
naturelles ou héréditaires, qui, dans bien des cas, opèrent
en nous à notre insu et nous ôtent la conscience d'une
pensée et d'une action personnelles.

Les actes de l'ordre moral ne se produisent pas dans des
conditions différentes. Nous obéissons inconsciemment et
sans effort, dans l'ensemble de notre conduite, aux maximes
courantes du milieu où nous vivons, à l'éducation particulière que nous avons reçue, aux inclinations que nous
avons apportées en naissant, aux habitudes de toutes
sortes qui ont plus ou moins modifié ces inclinations dans
le cours de notre existence. Si l'honnête homme, comme
dit M. Spencer, fait ainsi le bien sans songer qu'il remplit
un devoir, le malhonnête homme, ou simplement l'homme
ignorant, mal doué ou mal élevé, fait le mal en vertu de la
même loi, sans songer qu'il manque à un devoir. C'est la
« solidarité morale, » si bien étudiée par M. Marion. Cette loi
de solidarité qui fait qu'une série indéfinie, dans l'espace
et dans le temps, d'actions ou d'événements de toute nature
concourt à la production de chaque acte particulier et en
partage dans une certaine mesure la responsabilité, est la
base même de la loi d'évolution. Elle est la condition de ce
progrès moral, dont le dernier terme, suivant M. Spencer,
serait l'anéantissement du devoir pour faire place à la vertu
pure, produisant d'elle-même, par une sorte de floraison
ou de fructification naturelle, les actions les plus nobles et
les plus utiles (1).

(1) Cet idéal de M. Spencer est aussi celui de M. Marion : « L'effort
est si peu l'essence de la bonté que l'être vraiment et entièrement bon

Il est permis de se demander si, même à ce degré suprême
de perfection, toute idée de devoir aurait réellement dis-
paru, si l'homme de bien, le saint, qui n'aurait pas eu besoin, pour agir, de la considération du devoir, perdrait toute
conscience du devoir accompli, toute idée de la loi à laquelle
il aurait spontanément obéi. Lors même qu'il serait possible
de concevoir ainsi l'humanité idéale, parvenue tout entière au terme de son évolution, une telle conception ne
saurait servir de règle pour l'humanité réelle, à quelque
hauteur qu'elle ait pu s'élever dans une partie des
individus qui la composent. Ces parfaits honnêtes gens,
qui pourront se passer pour eux-mêmes de l'idée du
devoir, pourront-ils également s'en passer dans leurs
rapports avec les autres hommes, moins avancés qu'eux
dans l'évolution morale ? N'auront-ils aucun conseil à
donner, aucun jugement à former, aucune réclamation
à élever sur des circonstances ou sur des actes où
l'idée du devoir aura encore une place nécessaire ? Enfin,
combien de degrés dans l'échelle de la vertu avant de s'élever jusqu'à ces natures sublimes qui ne connaîtraient jamais
ni hésitations, ni scrupules, ni luttes intérieures d'aucune
sorte dans la plus haute et la plus complète pratique du
bien ! Ici le devoir seul, par ses commandements et par ses
menaces, détourne du mal et obtient quelques bonnes actions ; là, dans la plupart des actes, le devoir est observé
sans qu'il ait fait entendre sa voix impérative ; l'idéal serait
réalisé, s'il ne survenait telle circonstance où la vue claire
du bien s'obscurcit, où de chers intérêts, des passions vio-

n'en aurait que faire et que Dieu, par définition, en est exempt. Si donc
notre idéal doit être, suivant la belle formule antique, de nous rendre
semblables à la divinité, il faut avouer que l'effort, la peine et le mérite
ne sont pas en eux-mêmes la fin de notre activité, mais seulement un
moyen, le principal et le plus sûr, de nous élever vers la perfection. »
(*La solidarité morale*, page 13.)

lentes, des sophismes spécieux ne permettent plus de compter sur la bonté de la nature. Plus haut encore, tout près de l'idéal, rien de ce qui est une obligation pour le commun des hommes n'est accompli par devoir, mais l'héroïsme ou la sainteté transforme en de simples devoirs ce qui paraîtrait aux meilleurs le dernier effort de la vertu. Partout, en un mot, le devoir réclame sa part dans l'évolution de la moralité.

Rien ne saurait donc remplacer le devoir pour les âmes les plus hautes, comme pour les plus basses. Or, quelle autorité reste au devoir dans la morale de M. Spencer? La conscience, telle qu'il la définit, n'est que «le contrôle de certain sentiment ou de certains sentiments par un autre sentiment ou par plusieurs.» Les mobiles supérieurs auxquels appartient ce contrôle ne sont eux-mêmes que la transformation de sentiments sans valeur morale : la double crainte des vengeances humaines et des vengeances divines, et, dans leur évolution, ils ne s'épurent peu à peu que pour s'évanouir. Ici éclate le vice propre de la doctrine de l'évolution appliquée à la morale. Elle pouvait atteindre le bien et le mal, qui comportent une infinité de degrés. Elle ne peut atteindre le devoir, qui demande des règles fixes. Ne reconnaissant rien de stable, voyant tout flotter dans un perpétuel devenir, la morale évolutionniste aime à montrer, dans cette transformation sans fin de toutes choses, les constantes oppositions d'intérêts et de sentiments, et, comme elle ne peut les concilier par aucune autorité décisive, elle se contente de compromis et de moyens termes, où le devoir ne saurait trouver ses conditions propres et qui n'ont que la valeur d'un nouveau probabilisme. Sa ressource unique est cette humanité idéale, pour laquelle le bien de chacun sera le bien de tous, et qui verra disparaître toute cause de conflits, soit entre les individus, soit dans l'intérieur même de chaque individu. Ainsi, non seulement le devoir tend à s'effacer, à mesure qu'on s'élève vers l'idéal, mais dans le rôle transitoire qui lui est laissé, il ne peut rien trancher, rien décider souverainement, en dehors de cet idéal même où il devra trouver la mort.

L'idéal peut être et il a été, dans quelques nobles doctrines, un principe de morale ; mais il faut qu'il se conçoive comme le plus haut développement, comme la forme suprême de la moralité. Or, la moralité proprement dite n'a aucune place ni par les sentiments qu'elle implique, ni par les idées où les actes qui l'expriment ou qui la réalisent, dans cette humanité bienheureuse pour laquelle tout sera facile et se fera par la force des choses. L'idéal moral était déjà compromis par cette première erreur que nous avons signalée et cherché à réfuter, qui réduit le bien au bonheur ; mais il est atteint dans son principe par une erreur plus profonde, qui tient au fond même de la doctrine évolutionniste. Le vice capital de cette doctrine, telle que l'ont comprise tous ses adeptes, est d'effacer toute différence de nature entre les êtres pour ne les distinguer que par leur degré de développement et de complexité. Nulle part on n'y voit apparaître, avec ses caractères propres, la personne morale, libre dans ses déterminations et responsable de ses actes. Or, là seulement, dans ces conditions de personnalité distincte, de liberté et de responsabilité, est la racine d'une loi obligatoire ; là seulement se peut concevoir l'être moral, à toutes les étapes de son perfectionnement, depuis les premiers efforts, souvent infructueux, du devoir contre la passion jusqu'au triomphe définitif d'une vertu souveraine, qui règne sur l'âme entière avec la pleine conscience de sa force et de sa liberté conquises. M. Spencer ne connaît ni cette évolution de l'être moral, ni l'idéal qui en est le terme, parce qu'il n'en conçoit pas le point de départ. Il ne trouve ainsi dans sa doctrine aucune lumière pour tracer de véritables règles de conduite. Ses préceptes les meilleurs ne sont que des conseils de prudence. Ils ne s'élèvent jamais jusqu'au devoir.

M. Spencer se félicite cependant d'être d'accord sur plus d'un point, dans ses préceptes comme dans ses théories, avec la morale ordinaire et il répond d'avance, dans sa préface, aux critiques intolérants ou moroses qui refuseraient de lui savoir gré de cette coïncidence. Il rappelle que, du temps des bûchers, l'orthodoxie religieuse se contentait d'une soumission extérieure. Maintenant qu'on ne brûle plus, on exagère les moindres dissidences entre la prétendue orthodoxie et la prétendue hétérodoxie : quiconque se sépare, sur quelque point, de la foi commune est classé aussitôt, en dépit de ses déclarations les plus formelles, parmi les matérialistes, les athées et les fauteurs de doctrines immorales. Nous n'avons aucun goût pour l'intolérance dogmatique et nous sommes loin de prendre parti pour la morale surnaturelle contre la morale naturelle. Nous cherchons plus volontiers ce qui rapproche les doctrines que ce qui les sépare ; mais, en morale surtout, il faut craindre qu'un accord apparent ne cache une opposition radicale sur le fond des choses. On a souvent remarqué que les préceptes pratiques des épicuriens étaient à peu près les mêmes que ceux des stoïciens. Montesquieu a pu cependant, avec quelque raison, attribuer aux premiers une grande part dans la corruption du monde antique et célébrer les fortes doctrines des seconds comme un dernier effort de la nature humaine pour échapper à la décadence des institutions et des mœurs. On peut retrouver chez les sages du paganisme tous les préceptes dont on fait honneur au christianisme : pourquoi ces préceptes ont-ils eu, dans la prédication chrétienne, une puissance de propagation et une action sur les âmes qu'ils n'avaient jamais possédées dans l'enseignement des plus grands philosophes ? C'est qu'il s'agit moins en morale de donner de bons conseils que de les appuyer sur des principes certains et sur une autorité décisive. Or, les principes et l'autorité font surtout défaut à la morale évolutionniste. Elle peut s'élever chez

M. Spencer à des conclusions plus générales et plus sûres
que les inductions des utilitaires sur les résultats possibles
ou probables de chaque action ; mais, en dehors de l'espé-
rance ou de la crainte de ces résultats, elle n'a rien à opposer
aux passions ; elle ne peut rien déduire du principe même
du devoir ; elle ne peut rien prescrire qui ait l'autorité du
devoir.

M. Spencer est d'ailleurs un esprit trop pénétrant et trop
sincère pour exagérer l'accord entre sa morale et la morale
commune. Il insiste en toute occasion sur ce qui fait à ses
yeux la nouveauté de ses préceptes : c'est qu'ils sont une
réaction salutaire contre les excès de l'esprit d'abnégation
et de sacrifice. Ces excès, suivant lui, ont perdu la morale
en lui donnant un aspect repoussant et odieux. Ils ont pu
être glorifiés comme un haut degré de vertu, tant qu'ils
ont eu l'appui des croyances religieuses : privés de cet
appui, ils sont devenus intolérables et ils menacent d'entraîner la morale tout entière dans leur juste discrédit.
Pour sauver la morale, il faudrait y accomplir une révolu-
tion analogue à celle qui s'est faite dans la famille, où
l'autorité paternelle dépouille de plus en plus son ancienne
sévérité : les pères d'aujourd'hui et les pères d'autrefois
sont « le symbole de l'autorité de la morale comme on l'a
faite et de la morale comme elle devrait être. »

Dans la morale comme dans les relations de la famille,
il faut assurément bannir toute prescription purement
arbitraire. Il faut savoir, dans le maniement particulier
des individus, proportionner l'indulgence ou la sévérité à
l'état des âmes. Il ne faut pas moins craindre de froisser et
d'effaroucher, par une sévérité outrée, une âme délicate et
faible que d'encourager au mal, par un excès de complaisance,
une âme sans défense contre les entraînements coupables.
La conduite particulière et personnelle, dans l'infinie variété
des cas où elle doit prendre un parti, comporte toutes
sortes de tempéraments et de ménagements ; mais quand

il s'agit de tracer des règles générales, soit pour les devoirs de la famille, soit pour les autres devoirs, rien n'est plus dangereux que de pencher du côté de l'indulgence; car c'est pencher du côté où la nature, dans la plupart des cas, se porte d'elle-même. C'est ainsi qu'on voit s'introduire, entre les parents et les enfants, une sorte de camaraderie, qui est la négation de lois mêmes de la famille. C'est par l'effet d'un semblable relâchement que s'est formée la morale complaisante des casuistes. Écrivant pour les confesseurs, pour les directeurs de conscience, ils avaient raison peut-être de les prémunir contre une sévérité excessive; mais en voulant soumettre à des règles, pour chaque cas considéré d'une manière générale et abstraite, les limites de l'indulgence, ils ont été conduits à des compromis, à des excès de condescendance, qui sont la négation de la morale.

La casuistique de M. Spencer n'a pas évité cet écueil. Partout se montre, dans ses préceptes, la crainte de trop demander à la nature humaine. Non seulement, dans ses principes généraux, c'est une morale sans élévation véritable, quoiqu'elle prétende viser à la vie la plus élevée, mais dans l'appréciation des cas particuliers, c'est une morale toujours prompte à blâmer les efforts d'une vertu trop haute et à justifier certaines défaillances.

Je n'en veux citer qu'un exemple, tout-à-fait typique. M. Spencer suppose le cas d'un fermier menacé d'expulsion par un propriétaire conservateur, s'il vote pour un candidat libéral. La ruine est certaine pour sa famille, s'il obéit à ses convictions; s'il cède à la crainte, sa voix peut suffire pour faire triompher une politique funeste à son pays. Il est infiniment rare sans doute qu'un seul vote, dans une élection, ait de telles conséquences; mais les mauvais exemples sont contagieux et si sa défaillance trouve de nombreux imitateurs, elle peut être la cause des plus graves périls pour la politique nationale. Quel conseil lui donner dans

cette cruelle alternative ? Il ne s'agit pas seulement de
mettre en balance les intérêts de la famille et les intérêts
de l'État ; il faudrait pouvoir peser toutes les conséquences probables de chaque manière d'agir. Or , observe
M. Spencer, «les rapports entre les maux contingents peuvent varier à l'infini. Dans un cas, le devoir public s'im-
pose avec force et le mal qui peut en résulter pour les nôtres
est léger ; dans un autre cas, la conduite politique a peu
d'importance, et il est possible qu'il en résulte pour notre
famille un grand mal, et il y a entre ces extrêmes tous les
degrés. En outre, les degrés de probabilité de chaque ré-
sultat, public ou privé, vont de la presque certitude à la
presque impossibilité. En admettant donc qu'il soit mal
d'agir de manière à nuire peut-être à l'État et en admettant qu'il soit mal d'agir de manière à nuire peut-être à la
famille, nous avons à reconnaître le fait que, dans un
nombre infini de cas, personne ne peut décider laquelle de
ces deux manières d'agir est vraisemblablement la moins
mauvaise. »

Il y a sans contredit des circonstances très-atténuantes
et même de légitimes motifs d'excuse dans l'acte de fai-
blesse d'un père de famille qui vote contre sa conscience
pour sauver ses enfants de la misère ; mais justifier cet acte
comme un de ceux où le doute est permis et qui ne comportent pas même, « dans un nombre infini de cas » les
chances d'une décision plus ou moins vraisemblable, n'est-
ce pas fausser les consciences ? N'est-ce pas ruiner d'avance
les devoirs les plus certains du citoyen ? Et il ne faut pas
oublier que M. Spencer, dans cette solution dubitative d'un
douloureux cas de conscience, a le double mérite d'une sin-
cérité parfaite et d'une logique irréprochable. Des principes qui ne considèrent que les conséquences utiles ou
nuisibles des actions et qui ne reconnaissent rien d'in-
flexible dans le devoir, lui imposaient une telle solution et
il faut lui savoir gré de n'avoir pas cherché à la dissimuler;

mais il nous montre par là combien il est loin d'avoir fondé cette morale scientifique où la société laïque doit trouver la détermination complète et définitive des devoirs de l'homme et du citoyen.

III

La morale évolutionniste, comme la morale utilitaire, a échoué surtout parce qu'elle a voulu écarter tout principe métaphysique. Nous avons montré que cette prétention recevait déjà un démenti par l'idée même de l'évolution ; car cette idée, en s'imposant à tous les êtres comme la loi universelle de la nature et en se donnant pour dernier terme un idéal de perfection, dépasse évidemment les limites de la réalité observable ; mais, une fois le principe posé, M. Spencer et son école font effort pour se passer de toute autre considération du même ordre. De là la prédominance du sentiment du plaisir dans l'évolution de la conduite et dans l'idéal même du bien ; de là aussi l'amoindrissement et, en définitive, la négation du devoir. On peut affirmer, en retournant un mot célèbre, que si la métaphysique était bannie du reste des sciences, elle devrait garder sa place au cœur de la morale. Toutes les autres sciences ont leurs principes propres, qui trouvent dans les faits une constante confirmation ; si l'esprit se laisse entraîner à chercher dans des considérations métaphysiques la raison de ces principes, ce n'est pas qu'il sente le besoin de les rendre plus clairs ou plus certains, c'est seulement pour satisfaire un intérêt de haute curiosité spéculative. La morale a aussi ses principes propres : le bien et le devoir ; mais, à la différence des principes mathématiques ou physiques, ils ne sont jamais assurés d'une confirmation expérimentale. Je concevrais le bien alors même que tout serait mal, suivant la thèse pessimiste, et cette thèse même n'est possible qu'en opposant à la réalité la conception du bien. Si j'ai conscience en moi-même et si j'ai au-dehors la vue de quelque bien, je conçois aussitôt un bien moins imparfait et je m'élève ainsi à l'idée d'un bien sans mélange, d'un bien parfait, qui n'est pour moi qu'un idéal en dehors et au-dessus de toute réalité. De même pour le devoir ; car il est par essence l'expression, non de ce qui est, mais de ce qui doit être, et il subsisterait tout entier, alors même qu'il n'aurait jamais été, qu'il ne serait jamais réalisé. Ces idées du bien et du devoir, par lesquelles nous jugeons les faits et qui ne peuvent s'expliquer par les faits eux-mêmes, ne peuvent être que des idées métaphysiques. De plus, par cela même qu'elles ne reçoivent pas la confirmation de l'expérience, elles ne peuvent demander qu'à d'autres idées métaphysiques les développements qui leur sont nécessaires, non seulement dans un intérêt spéculatif, mais dans un intérêt pratique, pour se défendre contre toutes les objections et pour écarter, autant que possible, toutes les causes d'obscurité. Elles ont d'autant plus besoin de se fortifier dans les esprits qu'elles n'ont pas seulement à compter, comme les idées purement scientifiques, avec le doute, l'ignorance et l'erreur, mais avec l'intérêt et la passion. « Si la géométrie s'opposait autant à nos passions et à nos intérêts présents que la morale, dit Leibniz, nous ne la contesterions et ne la violerions guère moins, malgré toutes les démonstrations d'Euclide et d'Archimède. » Il faut donc ne rien négliger de ce qui peut assurer les démonstrations de la morale, et il faut également ne rien négliger de ce qui peut lui donner une plus grande force pratique. Or, chacune de ces idées métaphysiques sur lesquelles s'appuie la morale, en même temps qu'elle éclaire l'esprit, devient pour la volonté un motif d'action. Lorsque Platon définit le bien la ressemblance avec Dieu, il fait de cette ressemblance un puissant stimulant pour l'effort moral. Lorsque Kant ramène le devoir au respect de la personne humaine, considérée comme une fin en soi, ce respect, qui ennoblit les autres hommes et qui nous ennoblit nous-mêmes à nos propres yeux, précise et fortifie tout ensemble le motif du devoir.

Quand on parle de métaphysique, on éveille l'idée de la science la plus contestée et la plus contestable, d'une science également inintelligible pour ceux qui l'enseignent et pour ceux à qui on l'enseigne, suivant la piquante définition de Voltaire. Comment une telle science pourrait-elle éclairer la morale et ajouter à sa force pratique ? Il ne faut pas confondre les idées métaphysiques et la science même de la métaphysique, considérée dans son ensemble. C'est l'honneur de cette science de n'accepter aucune explication et aucun principe, sans chercher une explication ultérieure et un principe plus haut encore. De là son obscurité pour le commun des esprits ; de là ses périls pour les esprits élevés, qu'elle attire par la grandeur de ses espérances et qu'elle égare trop souvent par les difficultés où elle les engage dans la poursuite d'un but inaccessible. Mais si la métaphysique n'est pas et ne saurait jamais être une science achevée, ses discussions et ses systèmes ont pour objet constant certains principes qui gardent une place assurée parmi les croyances les plus générales de l'humanité. Au premier rang de ces principes, il faut compter les bases métaphysiques de la morale, ces trois *postulats* (1), en dehors desquels Kant ne croit pas qu'on puisse édifier une théorie complète et solide du devoir et du souverain bien : la liberté, l'existence de Dieu, l'immortalité de l'âme. Ce sont assurément des croyances très-contestées ; mais, en dépit des contradictions qu'elles n'ont jamais cessé de rencontrer et des difficultés de toutes sortes qu'elles peuvent soulever, on ne saurait nier qu'elles ne réunissent toutes les grandes religions et toutes les grandes philoso-

(1) Ce mot de *postulats* ne signifie pas de pures hypothèses, mais des vérités démontrées, par cela même que la morale les réclame ou les *postule* comme ses conditions nécessaires.

phies et qu'elles ne président, dans une mesure plus ou moins large, à l'éducation générale, partout où ces religions et ces philosophies ont étendu leur influence. Elles sont le couronnement de toutes les doctrines morales qui ne méconnaissent pas les caractères propres du bien et du devoir ; elles se retrouvent dans la plupart des livres de morale, depuis les traités systématiques jusqu'aux plus modestes manuels de sagesse pratique. Pour les bannir de la morale, il faudrait bouleverser de fond en comble l'éducation des enfants dans la société actuelle; il faudrait expurger ou exclure, non seulement presque tous les livres destinés spécialement à l'enseignement moral, mais une foule d'ouvrages de poésie, de littérature romanesque, d'histoire et même de science, où se trouvent ces croyances suspectes et où elles tiennent souvent la première place (1).

« Il n'y a qu'une morale, comme il n'y a qu'une géométrie, dit-on souvent d'après Voltaire et l'on en conclut qu'il faut séparer la morale, non seulement de tous les dogmes religieux, mais de toutes les idées qui sont l'objet d'une contestation quelconque. On oublie que Voltaire ajoutait : « La morale vient de Dieu, comme la lumière. » Il ne bannissait donc pas de sa morale le Dieu et la raison, mais, suivant son langage, le Dieu de la superstition. Est-il vrai d'ailleurs, comme il l'affirme, et comme on le répète sans cesse, que « la morale est la même chez tous les hommes qui font usage de leur raison ? » Hélas ! les controverses en morale ne sont pas plus rares qu'en métaphysique. Rien de plus contesté que les bases mêmes de la morale ; rien aussi de

(1) J'ai sous les yeux un catalogue de livres d'instruction et d'éducation populaires, dressé par une société dont l'esprit est certainement dégagé de tout préjugé mystique : le *Cercle parisien de la ligue de l'enseignement.* J'y trouve le *Traité de l'existence de Dieu,* de Fénelon ; le *Vrai, le Beau et le Bien,* de Victor Cousin ; *la Religion naturelle* et le *Devoir,* de M. Jules Simon ; les traités de morale de M. Janet et de M. Franck, etc.

plus contesté que certaines questions de morale pratique. Ne parlons pas des casuistes de profession, et cependant il y a toujours eu parmi eux et il y a encore des hommes éclairés, sérieux, animés d'intentions droites. Écartons aussi les philosophes ; ils obéissent peut-être à l'esprit de système et à la logique de leurs principes. Mais, dans le monde, parmi des hommes appartenant à une même civilisation, ayant reçu une éducation semblable, quel désaccord souvent sur les plus graves sujets de morale privée ou de morale publique ! Et ce désaccord ne se produit pas seulement dans des cas où la conscience du devoir peut être obscurcie par l'intérêt ou la passion, mais dans des jugements absolument désintéressés sur les actions d'autrui. Le respect que l'on professe ou que l'on affecte de professer pour certaines maximes générales et banales qui constituent à chaque époque, sous l'empire des mêmes mœurs, le fond de la morale courante, dissimule en partie ces divergences d'opinions ; mais quand on compare différentes époques, différentes civilisations, la diversité éclate. Le progrès des études historiques et des observations géographiques l'a mise en telle évidence qu'on reconnaît aujourd'hui la nécessité de juger les actions humaines, non plus d'après nos idées, considérées comme l'expression de la morale universelle et immuable, mais d'après les idées reçues dans les divers milieux où ces actions se sont accomplies.

C'est donc vainement qu'on se flatterait d'avoir mis la morale au-dessus de toute contestation parce qu'on l'aurait dégagée de toute idée métaphysique. On n'aurait fait que l'affaiblir et la livrer sans défense aux fantaisies individuelles, en la privant de ses appuis nécessaires. Il faut revenir à la morale naturelle, telle qu'on l'a toujours entendue, telle que l'ont reconnue toutes les religions et toutes les sociétés, à la morale de la pure raison, mais de la raison n'abdiquant aucun de ses principes et ne retranchant rien de son domaine. Les principes métaphysiques de la morale ne lui sont point extérieurs, ils font corps avec elle ; ils l'éclairent et ils en sont éclairés ; ils assurent son empire sur les âmes en même temps qu'ils gagnent à sa lumière une nouvelle force de persuasion. Elle ne progresse enfin que par eux, comme ils ne progressent que par elle : le progrès moral a toujours été uni à une conception plus haute et plus pure de la divinité et le progrès religieux a toujours été préparé par une conception plus pure et plus haute du bien et du devoir. Il suffit de se rappeler les antécédents de la morale chrétienne dans la philosophie grecque et l'influence toujours persistante du christianisme sur le développement des idées morales dans les sociétés modernes.

Nous pouvons, en effet, invoquer sans scrupule l'exemple et l'autorité du christianisme dans une discussion qui ne porte que sur la morale naturelle. Le christianisme, soit qu'on lui attribue ou qu'on lui refuse une origine et une action surnaturelles, a toujours fait appel à la conscience et à la raison, plus encore qu'à la foi, dans ses enseignements moraux et dans ses discussions avec ses adversaires sur le terrain de la morale. Ses préceptes de conduite sont indépendants de ses mystères ; ils sont les mêmes pour toutes les consciences chrétiennes ; ils sont acceptés sous le nom même de morale chrétienne, de vertus chrétiennes, par des hommes que leur foi religieuse ou leurs convictions philosophiques tiennent en dehors du christianisme (1). C'est vai-

(1) C'est ce que reconnaissait hautement, il y a quelques années, un membre éminent du Parlement hollandais, appartenant à la religion israélite. Défendant le principe d'un enseignement moral purement laïque, il consentait à laisser introduire dans le programme de cet enseignement les mots de « vertus chrétiennes ; » car, disait-il, « comme ces mots n'expriment pas les dogmes chrétiens, mais les vertus chrétiennes, nous, israélites, pouvons les admettre, parce que tout homme, même non chrétien, doit avouer que les vertus chrétiennes sont les principes qui doivent guider l'homme dans la vie, à quelque religion qu'il appartienne. Aussi longtemps que la vertu sera l'objet de la morale, aussi

nement, d'ailleurs, qu'on prétendrait écarter les influences
religieuses qui ont présidé pendant des siècles à l'évolution
intellectuelle et morale de la société dont on fait partie.
La conscience et la raison ne sont chez aucun homme, à
aucune époque, cette cire vierge de toute empreinte que les
philosophes se sont plu à imaginer. Elles ne sont pas non
plus uniquement ce marbre aux veines naturelles que Leibniz opposait à la table rase de Locke. A quelque moment
qu'on les interroge, elles sont déjà meublées d'une foule
d'idées où l'éducation première, les rapports de tous les ins-
tants avec les autres hommes, les influences héréditaires
peut-être, ont la plus grande part. L'esprit le plus libre ne
peut les soumettre à son examen et les faire vraiment
siennes que sur un très-petit nombre de points et, sur ces
points mêmes, par beaucoup de ses jugements, il sera
peuple, il pensera avec la masse des hommes de son pays et
de son temps. Il restera ainsi, quoiqu'il fasse, attaché par
plus d'un lien à la religion dans laquelle il a été élevé,
dans laquelle ont été élevés tous ceux qui l'ont formé et
tous ceux qui l'entourent. Ce qu'on appelle morale naturelle depuis l'avènement du christianisme, est nourri
d'idées chrétiennes, et j'ajouterais même, porte l'empreinte
de l'esprit catholique partout où le catholicisme a longtemps dominé. Ceux qui mettent le plus d'ardeur à réagir
contre cet esprit sont souvent ceux qui réussissent le moins
à s'en dégager. L'illustre savant anglais Huxley a un mot
profond sur la philosophie positive d'Auguste Comte : « C'est,

longtemps que la culture des vertus chrétiennes signifiera enseignement
de cette morale que le christianisme manifeste et qu'il porte au fond de
lui-même, tous nous pouvons accepter cet enseignement, à quelque culte
que nous appartenions. » (Discussion de la loi sur l'enseignement primaire
à la Chambre des députés de Hollande. Discours de M. Godefroi, cité
par M. Paul Bert, dans son discours du 4 décembre 1880 à la Chambre
des députés de France.)

dit-il, un catholicisme avec le christianisme en moins. *Catholicism minus Christianity.* »

Voilà ce qu'il ne faut jamais oublier quand on parle de société laïque et de morale laïque. L'idée de la société laïque est née avec la distinction de l'ordre spirituel et de l'ordre temporel. Elle trouve son expression dans toute société où le pouvoir civil ne dépend d'aucune église dans l'exercice des droits qui lui sont propres, alors même qu'il reconnaît une religion d'Etat ; mais elle n'est bien comprise que là où tous les cultes jouissent d'une égale liberté et obtiennent une égale protection. Indépendance du pouvoir civil et liberté des cultes, voilà les deux principes de la société laïque ; elle n'en implique pas d'autres. Ce n'est nullement, comme on paraît le croire, une société d'êtres abstraits qui, pour pouvoir compter parmi ses membres et agir comme tels, seraient condamnés à se dépouiller de leur éducation, de leurs croyances, de leurs habitudes particulières de penser ou de sentir, de tout ce qui peut devenir entre eux un sujet de divergence. Chacun y apporte ses opinions personnelles, même celles qu'il a puisées à une source religieuse ; mais toute opinion doit se laisser discuter : nulle n'a le droit de s'imposer au nom d'une autorité surnaturelle. La société laïque n'est tenue à la neutralité qu'entre les communions religieuses : pour tout le reste, elle garde le droit et elle a souvent le devoir de prendre parti entre des opinions diverses. Elle ne sort pas de la neutralité confessionnelle quand elle fait prévaloir dans sa législation ou dans les actes de son gouvernement telle ou telle opinion politique ou juridique ; elle n'en sort pas davantage, quand elle charge les instituteurs ou les professeurs à qui elle confie l'enseignement public de se prononcer en son nom sur des questions de science, de littérature, voire même de morale ou de métaphysique. Il n'est pas, en effet, un seul enseignement qui n'ait souvent à faire un choix entre des thèses controversées. S'il y a de telles thèses en philosophie, il y en a aussi dans la morale, nous l'avons prouvé, et tout le monde sait qu'il n'y en a pas moins dans le droit, dans l'économie politique, dans la médecine, dans les sciences mêmes que la sûreté de leur méthode met le plus à l'abri des sujets de discussion et des chances d'erreur. Or, il serait étrange que, parmi toutes les thèses qui peuvent être l'objet de l'enseignement public, les seules qui lui fussent interdites, sous prétexte de neutralité entre les diverses religions, fussent précisément celles sur lesquelles toutes les religions sont d'accord : la morale du devoir, le libre arbitre, l'existence de Dieu, l'immortalité de l'âme, tout ce qui, en un mot, fait le fond commun du spiritualisme philosophique et du spiritualisme chrétien.

L'incompétence de la société laïque en ces matières est soutenue à la fois par les adversaires du spiritualisme et par les défenseurs exclusifs de l'enseignement théologique. Les premiers invoquent les droits des libres penseurs, athées, matérialistes ou positivistes, qui ne sauraient être astreints à donner ou à recevoir un enseignement contraire à leurs principes ; les seconds ne sont pas rassurés par le maintien, dans l'état actuel, d'un enseignement spiritualiste ; car les vicissitudes de la politique peuvent amener le triomphe de doctrines tout opposées. Les uns et les autres seraient dans leur droit, s'ils se bornaient à réclamer la pleine liberté de l'enseignement en dehors des écoles officielles : ils assureraient ainsi un refuge à toutes les doctrines auxquelles ces écoles peuvent être fermées ; mais ils ne laissent rien subsister de la notion de l'État, quand ils prétendent le condamner, dans les institutions qui lui sont propres, et particulièrement dans l'instruction publique, à l'indifférence absolue sur toute espèce de doctrine.

Les scrupules des théologiens ont été exposés avec une grande modération par M. le pasteur Bersier, dans une

brochure sur l'enseignement de la morale dans l'école primaire (1). L'éminent prédicateur, pour ne blesser en rien
la conscience des maîtres et celle des familles, voudrait réduire cet enseignement aux préceptes pratiques et laisser
les leçons théoriques aux ministres des différents cultes.
Nous sommes d'accord avec lui pour ouvrir largement les
portes de l'école à l'enseignement religieux proprement dit,
en ne tenant compte que des vœux des familles, et pour ne
pas imposer à l'instituteur un cours suivi de morale où il
rencontrera d'extrêmes difficultés dans l'imperfection de sa
propre culture et dans l'intelligence mal préparée de ses
élèves. Il fera certainement une œuvre plus utile en rattachant ses préceptes de morale à tout l'ensemble de ses autres leçons, qui lui fourniront sans cesse des occasions de
bons conseils. Pourra-t-il toutefois se dispenser d'appuyer
ses conseils sur quelques explications, que même ses
plus jeunes élèves sauront bien lui demander et que sa
conscience lui fera un devoir de donner, s'il prend au
sérieux son rôle d'éducateur ? Et lui sera-t-il possible, dans
ses explications, de s'interdire tout appel à ces idées métaphysiques ou religieuses dont on prétend faire pour lui un
terrain défendu ? Enfin, si l'enseignement primaire, quand
il est donné au nom de la société laïque, doit s'abstenir de
toucher à ces idées, ne faudra-t-il pas, au nom de la logique, bannir de l'enseignement secondaire et de l'enseignement supérieur tout cours de morale et de philosophie ?

On se fait une très-fausse idée de l'instruction publique,
dans une société libre, quand on suppose que tout y est réglé
par des programmes inflexibles, à la façon des dogmes théo-
logiques, et, d'un autre côté, que ces programmes sont exposés aux plus brusques et aux plus radicales variations,
suivant les fluctuations de la politique. Autre chose est la

---

(1). *De l'enseignement de la morale dans l'école primaire*, par Eugène
Bersier, pasteur auxiliaire de l'Église réformée de Paris.

politique proprement dite, vouée à de perpétuels change-
ments, autre chose les institutions permanentes de la société. Nul ministre de l'instruction publique ne se recon-
naîtra le droit de bouleverser entièrement, au gré de ses
opinions personnelles, tous les programmes de l'enseignement. Les innovations, quand elles paraissent nécessaires, sont partout soumises à des corps en possession d'une
autonomie plus ou moins large et où le respect des tradi-
tious ne trouve pas moins de garanties que l'esprit de progrès. C'est ainsi que la France moderne, à travers toutes ses
révolutions et toutes ses crises ministérielles, est toujours
restée fidèle, dans son enseignement national, aux principes spiritualistes. C'est sur ces principes que s'appuie, depuis le commencement du siècle, l'enseignement de la philosophie dans les lycées et dans les colléges. Lorsque s'est
constitué l'enseignement secondaire spécial, un cours de
morale, fondé sur les mêmes principes, a trouvé place dans
ses programmes. Un cours tout semblable a été introduit
dans l'organisation légale du nouvel enseignement secondaire des jeunes filles. Enfin, sous une forme plus spéciale
et avec d'autres procédés d'exposition, le même enseignement moral, uni aux mêmes principes spiritualistes, va
faire son entrée dans les écoles primaires.

Est-il besoin d'ajouter qu'à tous les degrés de l'enseignement les programmes sont assez larges pour laisser aux
maîtres toute l'indépendance de pensée compatible avec
leurs devoirs envers la société et envers les familles? Ils
n'imposent pas de dogmes ; ils n'imposent qu'une élévation
générale de pensées et de doctrines, très-bien définie dans
un rapport présenté au conseil supérieur de l'instruction
publique par M. Paul Janet sur l'enseignement de la morale dans les écoles normales primaires. M. Janet compare
l'enseignement moral à l'enseignement littéraire. Ce dernier n'a jamais été astreint à une étroite orthodoxie ; il peut
admirer Shakespeare aussi bien que Virgile et Racine ;

« mais, quelque large que puisse être l'éclectisme de l'État, il y a cependant un principe sous-entendu, c'est qu'il y a des œuvres belles et d'autres qui ne le sont pas, des œuvres élevées et sublimes et des œuvres basses, plates et grossières ; et si l'État devait être absolument indifférent en matière littéraire, quelle raison aurait-il de se donner tant de mal, de dépenser tant d'argent, de s'imposer une administration aussi accablante ? » La morale repose, comme la littérature, sur la distinction de ce qui est bas et de ce qui est élevé. « En même temps que l'État élève les esprits, il doit élever les âmes, et cela dans les deux sens du mot, à savoir donner l'éducation et diriger vers le haut les âmes que la nature entraîne vers le bas. Telle est la pensée fondamentale que l'Etat doit maintenir, ou il n'a plus qu'à abdiquer. Or, cela même c'est ce que nous appelons la distinction de la chair et de l'esprit, de l'animal et de l'homme, du plaisir et de la vertu, des passions et de la raison ; et la loi qui nous prescrit de sacrifier ou de subordonner ce qui est plat et vulgaire à ce qui est généreux, noble, délicat, c'est ce qu'on appelle le *devoir*. »

Tous les livres de « morale laïque » publiés en France par des membres de l'enseignement public ont su concilier la fidélité à la morale du devoir et aux principes élevés qu'elle implique nécessairement avec cette large et sincère liberté de la pensée qui est le fond même de l'esprit philosophique. Je ne veux pas rappeler ceux de ces livres qui ont honoré l'enseignement supérieur et l'enseignement secondaire classique; mais je ne saurais oublier que l'enseignement spécial, dès son établissement, a trouvé, pour guider ses maîtres et pour contribuer à former ses élèves, deux excellents manuels de morale, que deux membres de notre Académie, MM. Franck et Janet n'ont pas dédaigné de composer et où, dans la mesure que comportent de tels ouvrages, ils n'ont négligé aucune des questions spéculatives en dehors desquelles il n'y a pas de véritable morale pratique (1). Les écoles primaires sont à peines ouvertes à un enseignement moral distinct de l'enseignement religieux proprement dit que les manuels se multiplient pour cet enseignement, tous conçus dans le même esprit spiritualiste, tous attestant, dans l'unité de cet esprit, des conceptions indépendantes et originales. Deux de ces manuels ont pour auteurs M. Compayré, à qui l'on doit une remarquable étude, couronnée par deux académies, sur les doctrines pédagogiques dans les temps modernes, et M. Marion, l'auteur de la *Solidarité morale* (2). L'un et l'autre se proposent de former l'homme et le citoyen. Ils ne se bornent pas à expliquer la nature morale de l'homme et les relations générales des hommes entre eux ; ils cherchent à faire comprendre à leurs jeunes lecteurs le milieu social et politique dans lequel se développent et agissent les hommes de notre temps et de notre pays. Appropriant ses leçons à l'esprit de tout jeunes enfants, M. Compayré part du concret pour s'élever peu à peu à l'abstrait et redescendre ensuite à des applications pratiques d'un caractère plus complexe que ses premiers enseignements. Il invite ses élèves à réfléchir sur les choses qu'ils peuvent le mieux concevoir : la famille d'abord, puis l'école, puis la patrie. Ce n'est qu'après leur avoir exposé leurs intérêts et leurs devoirs dans ces trois centres de leur vie d'enfants et de leur vie future d'hommes et de citoyens, qu'il résume, en se mettant toujours à leur portée, les principes de la psychologie, de la morale générale et de la théodicée ; puis, quand cette première éducation de l'homme les a suffisamment préparés pour l'éducation du citoyen, il

---

(1) *Éléments de morale,* par Adolphe Franck. — *Éléments de morale,* par Paul Janet.

(2) *Éléments d'éducation civique et morale,* par Gabriel Compayré. — *Devoirs et droits de l'homme,* par Henri Marion.

les conduit à travers les détails de nos institutions administratives et politiques, en passant par degrés du plus particulier au plus général. Il leur explique ainsi l'organisation de la commune, du département et de l'État et il ne craint même pas de les initier aux plus graves questions sociales, telles que les congrès ouvriers, les coalitions et les grèves. Il emploie, d'ailleurs, pour tempérer l'austérité de ses leçons, les formes les plus variées : les dialogues familiers, les récits, les excursions historiques ; partout il s'efforce d'intéresser l'imagination, en même temps qu'il s'empare de l'esprit et du cœur.

M. Marion suit un ordre plus didactique. Il s'adresse à des élèves plus avancés et il écrit pour les hommes faits en même temps que pour les adolescents. Il trace à grands traits les principes généraux de la morale et il en suit l'application dans les trois divisions de la morale pratique : les devoirs envers les autres hommes, envers nous-mêmes et envers Dieu. Comme M. Compayré, il donne la principale place aux devoirs sociaux, qu'il suit dans toutes les relations de la vie privée et de la vie publique. Il sait d'ailleurs prêter une forme attrayante à ses graves préceptes et il en relève heureusement l'intérêt par des exemples bien choisis et par des aperçus historiques. Son éditeur y a ajouté l'attrait de quelques illustrations.

D'un ordre plus élevé est le traité des devoirs et des droits que vient de publier M. Ferraz, pour faire suite à sa *Philosophie du devoir* (1). L'auteur n'écrit que pour les jeunes gens et les hommes faits, déjà initiés à toutes les questions philosophiques. Il s'étend surtout sur les devoirs de l'homme envers lui-même, souvent niés et toujours un peu négligés par les moralistes. Il les subdivise d'après les deux grandes parties de la nature humaine, l'âme et le corps, et d'après la division classique des facultés de l'âme : intelligence,

---

(1) *Nos devoirs et nos droits, morale pratique,* par M. Ferraz.

vólonté, sensibilité. Il trouve là des cadres commodes, bien qu'un peu arbitraires, pour une série de considérations, non moins ingénieuses qu'utiles, qui ne s'en tiennent pas aux vieux préceptes sans cesse renouvelés des sages de tous temps et qui savent y ajouter la discussion étendue de quelques-uns des paradoxes modernes auxquels les noms de leurs auteurs ont donné une certaine importance. L'inconvénient de ces divisions est de rétrécir, en les rattachant à une faculté déterminée, des devoirs qui embrassent l'homme tout entier. Ainsi, le respect de la dignité humaine n'est plus qu'une des formes du respect de la volonté. La morale sociale n'a pas dans l'ouvrage une place en rapport avec celle qui est atribuée à la morale individuelle. L'auteur a peut-être pensé qu'elle appelait moins des considérations nouvelles. Elle est loin cependant de former une science complètement achevée, surtout en ce qui concerne la théorie des droits, qu'il eût fallu défendre contre d'autres objections que celles du vieux sensualisme et d'une théologie excessive. M. Ferraz donne sur les droits et sur les devoirs qui leur correspondent des préceptes excellents, bien déduits et bien développés, mais où manquent un peu et l'originalité de la pensée et l'originalité de la forme. A la suite de la morale sociale il n'a réservé aucune place pour la morale religieuse. Ce n'est pas qu'il l'ait omise à dessein ou qu'il l'ait méconnue. L'idée religieuse, conçue dans un esprit philosophique, remplit son livre et, dès le début, il a défendu, par des arguments excellents, la réalité des devoirs envers Dieu ; mais il a cru sans doute, avec quelque raison, que ces devoirs ressortent naturellement d'une conception éclairée des rapports de l'homme avec la divinité et qu'il n'y a pas lieu de les réduire en préceptes et de les enfermer dans des formules.

De telles œuvres prouvent que la morale spiritualiste n'a pas seulement pour elle la possession légale et qu'elle n'a pas cessé de justifier, par la vitalité et la fécondité de son enseignement, la confiance que lui conserve la société moderne. Il ne faudrait pas toutefois qu'elle s'endormît dans une fausse sécurité. Elle a contre elle deux préjugés très-puissants à notre époque : le préjugé scientifique, auquel toute métaphysique est suspecte, et le préjugé laïque, très-porté à confondre la théologie naturelle avec la théologie surnaturelle. Nous avons combattu ces deux préjugés en montrant, par un illustre exemple, l'impossibilité de fonder une morale laïque véritablement efficace, en dehors de toute idée métaphysique ou religieuse, sur la seule base des théories évolutionnistes ou utilitaires. Il faudra livrer encore bien des combats avant d'en finir, si on y réussit jamais, avec des causes d'erreurs auxquelles le mouvement des idées et les transformations que subissent les sociétés elles-mêmes ont prêté une si grande force. La morale spiritualiste ne doit jamais perdre de vue cette « lutte pour la vie. » Or, dans les conflits de doctrines, le plus sûr moyen de vaincre est un commerce constant avec nos adversaires, non seulement pour mieux saisir leurs points faibles et pour nous éclairer sur nos propres points faibles, à la lumière de leurs critiques, mais pour nous approprier la part de vérité et d'idées utiles, sans laquelle aucun système n'aurait pu exercer une sérieuse influence. C'est ainsi que l'idée de l'évolution, bien comprise, nous paraît une conquête heureuse pour les sciences morales, comme pour les sciences de la nature.

La morale spiritualiste a aussi beaucoup à gagner près de critiques indépendants, tels que M. Fouillée, qui se proposent de la transformer, non de la détruire. Les théories morales que M. Fouillée a exposées jusqu'à présent me paraissent, je l'avoue, moins propres à éclairer les intelligences qu'à leur donner je ne sais quel vertige métaphysique, et j'admire plus souvent, dans les objections qu'il n'épargne à aucune doctrine contemporaine, une subtilité ingénieuse qu'une véritable pénétration. Il voit juste cependant sur plus d'un point, et il apporte dans ses discussions les plus subtiles de telles ressources de pensée et de style que le commerce d'un esprit de cette valeur est toujours éminemment profitable.

Enfin, la plus grande force, pour les doctrines spiritualistes, sera l'action qu'elles exerceront sur les âmes, si elles savent mettre à profit, pour une propagande active et féconde, la situation privilégiée qu'elles gardent encore dans les institutions sociales, comme dans les idées et dans les mœurs. Puisqu'elles restent chargées de former au bien les jeunes générations, elles ne doivent négliger aucun effort pour élever les esprits, les cœurs, les caractères. Si le présent leur est disputé, que les luttes mêmes qu'elles soutiennent leur soient un stimulant pour s'assurer définitivement l'avenir. En maintenant et en fortifiant, dans la vie privée et dans la vie publique, le culte raisonné du devoir, elles auront bien mérité de la morale et de la société laïque elle-même.

Orléans — Imp Ernest Colas

www.ingramcontent.com/pod-product-compliance
Lightning Source LLC
LaVergne TN
LVHW022156080426
835511LV00008B/1431